Italian Reading Comprehension Texts: Beginners - Book One

Italian Reading Comprehension Texts for Beginners

Mikkelsen Dubois

Published by Mikkelsen Dubois, 2023.

While every precaution has been taken in the preparation of this book, the publisher assumes no responsibility for errors or omissions, or for damages resulting from the use of the information contained herein.

ITALIAN READING COMPREHENSION TEXTS: BEGINNERS - BOOK ONE

First edition. May 7, 2023.

Copyright © 2023 Mikkelsen Dubois.

ISBN: 979-8223478164

Written by Mikkelsen Dubois.

Table of Contents

How to Use This Italian Reading Comprehension Book........... 1

Text One 5

Text Two 7

Text Three 9

Text Four 11

Text Five 13

Text Six 15

Text Seven 17

Text Eight 19

Text Nine 21

Text Ten 23

Text Eleven 25

Text Twelve 27

Text Thirteen 29

Text Fourteen 31

Text Fifteen 33

Text Sixteen 35

Text Seventeen 37

Text Eighteen 39

Text Nineteen 41

Text Twenty 43

Text Twenty One 45

Text Twenty Two 47

Text Twenty Three 49

Text Twenty Four 51

Text Twenty Five 53

Text Twenty Six 55

Text Twenty Seven 57

Text Twenty Eight 59

Text Twenty Nine 61

Text Thirty 63

How to Use This Italian Reading Comprehension Book

Step 1: Choose the Right Text Level

The first step in doing a Italian reading comprehension exercise is to choose the right text level. The text should be appropriate for the learner's level and interests. For beginners, texts with simpler vocabulary and shorter sentences are ideal. For more advanced learners, more complex texts can be used. Mikkelsen Dubois offers Italian Reading Comprehension Texts in different levels - beginner, intermediate and advanced, as well as First Steps for new language learners. It's also important to choose a text that is interesting to the learner. This can help to keep them engaged and motivated, which is crucial for language learning success. Texts on topics like history, culture, and current events can be particularly engaging for learners. Every Mikkelsen Dubois Reading Comprehension Book contains texts on a variety of different topics.

Step 2: Read the Text

Once a suitable text has been chosen, the learner should read it carefully. They should focus on understanding the meaning of the text and how the words and phrases are used in sentences. It's also important to pay attention to the structure of the sentences and the use of grammar. When reading the text, learners should try to read as much as they can without stopping to look up words in a dictionary. This can help to improve their overall comprehension skills and develop their ability to understand the text in context.

Step 3: Analyze the Text

After reading the text, the learner should analyze it to deepen their understanding. This involves paying attention to the structure of the sentences, the use of grammar, and the context in which words are used. Learners can ask themselves questions about the text to help them analyze it more deeply.

For example, they could ask themselves:

What is the main idea of the text?

What is the purpose of the text?

What is the tone of the text?

What new words or phrases have I learned from the text?

What new grammar structures have I learned from the text?

By analyzing the text in this way, learners can develop a more comprehensive understanding of the text and improve their comprehension skills. Making a note of new vocabulary, grammar and sentence structure will help the learner in this analysis and support the learning process.

Step 4: Answer the Questions

The next step in doing a Italian reading comprehension exercise is to answer the questions. In every Mikkelsen Dubois Italian Comprehension Book, questions are provided with the text. These questions are designed to test the learner's understanding of the text and their ability to apply their knowledge of Italian vocabulary and grammar. Learners should answer the questions as thoroughly and accurately as possible, using their knowledge of Italian vocabulary and grammar.

Step 5: Check Answers

After answering the questions, the learner should check their answers. This involves reviewing their responses and ensuring that they are accurate and complete. If the learner has made mistakes, they should try to identify the areas where they need to improve their understanding. This could involve reviewing specific vocabulary or grammar structures or practicing their comprehension skills with more texts.

Step 6: Review and Practice

The final step in doing a Italian reading comprehension exercise is to review and practice. This involves reviewing the text and the questions and identifying areas for improvement. Learners should use the reading comprehension exercise as a learning tool to improve their comprehension skills and develop their knowledge of Italian vocabulary and grammar. By regularly practicing with different types of texts and using strategies like taking notes, analyzing the text, and asking questions, learners can improve their comprehension skills more quickly.

Text One

Read the following Italian comprehension text carefully.

Then answer the questions using the information provided in the text.

Try to answer in full sentences and pay attention to your spelling and grammar.

Once you have answered all the questions, check your answers with the suggested answers.

<u>Un viaggio a Venezia</u>

Ciao! Sono Marco e oggi vi porto con me in un viaggio a Venezia, la città dei canali e dei gondolieri.

Partiamo dalla stazione ferroviaria di Santa Lucia e ci dirigiamo verso il Canal Grande, la principale via d'acqua di Venezia. Vedrete molte belle chiese, palazzi antichi e ponti mentre vi muovete lungo il canale.

Questions

1. Qual è il nome della stazione ferroviaria a Venezia?
2. Qual è la principale via d'acqua di Venezia?
3. Cosa si può vedere lungo il Canal Grande?

Answers

1. Il nome della stazione ferroviaria a Venezia è Santa Lucia.
2. La principale via d'acqua di Venezia è il Canal Grande.
3. Lungo il Canal Grande si possono vedere molte belle chiese, palazzi antichi e ponti.

Text Two

Read the following Italian comprehension text carefully.

Then answer the questions using the information provided in the text.

Try to answer in full sentences and pay attention to your spelling and grammar.

Once you have answered all the questions, check your answers with the suggested answers.

<u>L'ecoturismo in Italia: scoprire la bellezza della natura</u>

L'ecoturismo è un tipo di turismo che si concentra sulla scoperta della natura e della cultura locale in modo sostenibile. L'Italia è un paese ricco di bellezze naturali e culturali che possono essere scoperte attraverso l'ecoturismo.

In Italia ci sono molte opportunità per praticare l'ecoturismo, come camminate nei parchi nazionali, visite alle riserve naturali e agriturismo. Inoltre, ci sono anche attività come il cicloturismo e il turismo fluviale.

L'ecoturismo è un'opzione perfetta per coloro che vogliono scoprire l'Italia in modo sostenibile e responsabile. In questo modo, si può contribuire alla conservazione dell'ambiente e della cultura locale.

Questions

1. Che cos'è l'ecoturismo?
2. Cosa si può scoprire attraverso l'ecoturismo in Italia?
3. Quali sono le opportunità per praticare l'ecoturismo in Italia?

Answers

1. L'ecoturismo è un tipo di turismo che si concentra sulla scoperta della natura e della cultura locale in modo sostenibile.
2. In Italia si possono scoprire molte bellezze naturali e culturali attraverso l'ecoturismo.
3. In Italia si possono praticare l'ecoturismo attraverso camminate nei parchi nazionali, visite alle riserve naturali, agriturismo, cicloturismo e turismo fluviale.

Text Three

Read the following Italian comprehension text carefully.

Then answer the questions using the information provided in the text.

Try to answer in full sentences and pay attention to your spelling and grammar.

Once you have answered all the questions, check your answers with the suggested answers.

<u>Il mio tempo libero</u>

Ciao! Sono Luca e oggi vi parlo del mio tempo libero. Adoro praticare sport, soprattutto il calcio. Gioco in una squadra amatoriale con i miei amici ogni sabato mattina. Inoltre, mi piace anche leggere libri e guardare film. Il mio genere preferito è la fantascienza. Quando sono a casa, ascolto musica e suono la chitarra.

Questions

1. Qual è lo sport preferito di Luca?
2. Con chi gioca a calcio Luca?
3. Qual è il genere preferito di Luca per i libri e i film?

Answers

1. Lo sport preferito di Luca è il calcio.
2. Luca gioca a calcio con i suoi amici in una squadra amatoriale.
3. Il genere preferito di Luca per i libri e i film è la fantascienza.

Text Four

Read the following Italian comprehension text carefully.

Then answer the questions using the information provided in the text.

Try to answer in full sentences and pay attention to your spelling and grammar.

Once you have answered all the questions, check your answers with the suggested answers.

<u>Gioachino Rossini</u>

Gioachino Rossini è stato uno dei più famosi compositori italiani del XIX secolo. Nato nel 1792 a Pesaro, in Italia, Rossini ha scritto molte opere, tra cui il famoso "Il Barbiere di Siviglia". Le sue opere sono state rappresentate in tutto il mondo e sono ancora molto popolari oggi.

Questions

1. Chi è stato Gioachino Rossini?
2. Dove è nato Rossini?
3. Qual è l'opera più famosa di Rossini?

Answers

1. Gioachino Rossini è stato un famoso compositore italiano del XIX secolo.
2. Rossini è nato a Pesaro, in Italia.
3. L'opera più famosa di Rossini è "Il Barbiere di Siviglia".

Text Five

Read the following Italian comprehension text carefully.

Then answer the questions using the information provided in the text.

Try to answer in full sentences and pay attention to your spelling and grammar.

Once you have answered all the questions, check your answers with the suggested answers.

<u>Nord Italia e Sud Italia: le differenze tra le due regioni</u>

L'Italia è un paese che si estende dalla parte centrale dell'Europa fino al Mediterraneo, ed è divisa in due regioni principali: il Nord Italia e il Sud Italia. Le due regioni differiscono per molti aspetti, tra cui il clima, la cultura e la cucina.

Il Nord Italia è noto per il suo clima più fresco rispetto al Sud Italia e per la sua cucina a base di pasta, riso e prodotti caseari come il parmigiano reggiano. Il Nord Italia è anche noto per le sue città d'arte come Milano, Venezia e Torino.

Il Sud Italia, invece, è noto per il suo clima più caldo e per la sua cucina a base di prodotti come la mozzarella, la pizza e il pesce fresco. Il Sud Italia è anche famoso per le sue spiagge bellissime e le sue città storiche come Napoli, Matera e Palermo.

Nonostante le differenze, Nord Italia e Sud Italia hanno in comune la loro bellezza naturale, la loro storia e la loro cultura unica.

Questions

1. Quali sono le due regioni principali dell'Italia?
2. Come differiscono Nord Italia e Sud Italia per il clima?
3. Quali sono i piatti tipici del Nord Italia?
4. Quali sono i piatti tipici del Sud Italia?

Answers

1. Le due regioni principali dell'Italia sono il Nord Italia e il Sud Italia.
2. Il Nord Italia ha un clima più fresco rispetto al Sud Italia.
3. I piatti tipici del Nord Italia includono pasta, riso e prodotti caseari come il parmigiano reggiano.
4. I piatti tipici del Sud Italia includono mozzarella, pizza e pesce fresco.

Text Six

Read the following Italian comprehension text carefully.

Then answer the questions using the information provided in the text.

Try to answer in full sentences and pay attention to your spelling and grammar.

Once you have answered all the questions, check your answers with the suggested answers.

<u>Il Fiume Tevere</u>

Il Tevere è il fiume più importante di Roma. Nasce nell'Appennino Tosco-Emiliano e scorre per 405 chilometri fino a sfociare nel Mar Tirreno. Lungo il suo corso, il Tevere attraversa numerose città e paesi, tra cui Arezzo, Perugia e Terni. A Roma, il fiume divide la città in due parti, ed è stato un importante punto di riferimento fin dai tempi antichi. Oggi, il lungofiume del Tevere è un popolare luogo di svago per i romani e i turisti, con ristoranti, bar e locali notturni. Il Tevere è anche conosciuto per le sue inondazioni, che hanno causato danni significativi nel corso della storia.

Questions

1. Qual è il fiume più importante di Roma?
2. Da dove nasce il Tevere?
3. Cosa si può fare lungo il lungofiume del Tevere?

Answers

1. Il fiume più importante di Roma è il Tevere.
2. Il Tevere nasce nell'Appennino Tosco-Emiliano.
3. Lungo il lungofiume del Tevere si possono trovare ristoranti, bar e locali notturni, ed è un popolare luogo di svago per i romani e i turisti.

Text Seven

Read the following Italian comprehension text carefully.

Then answer the questions using the information provided in the text.

Try to answer in full sentences and pay attention to your spelling and grammar.

Once you have answered all the questions, check your answers with the suggested answers.

<u>Il Panettone</u>

Il panettone è un dolce natalizio tipico italiano, originario della città di Milano. È un dolce a base di farina, burro, uova e canditi, e ha una forma a cupola con una crosta dorata. Il panettone viene solitamente servito a Natale e Capodanno, e si accompagna bene con il vino dolce o lo spumante. Ci sono molte storie sulle origini del panettone, ma una delle più popolari è quella di un giovane pasticcere milanese che ha creato il dolce per la figlia di un importante cliente. Oggi, il panettone è uno dei simboli culinari del Natale italiano ed è amato in tutto il mondo.

Questions

1. Da dove proviene il panettone?
2. Quali sono gli ingredienti principali del panettone?
3. Quando si serve solitamente il panettone?

Answers

1. Il panettone proviene dalla città di Milano in Italia.
2. Gli ingredienti principali del panettone sono farina, burro, uova e canditi.
3. Il panettone viene solitamente servito a Natale e Capodanno.

Text Eight

Read the following Italian comprehension text carefully.

Then answer the questions using the information provided in the text.

Try to answer in full sentences and pay attention to your spelling and grammar.

Once you have answered all the questions, check your answers with the suggested answers.

<u>Il tempo oggi</u>

Oggi il tempo è variabile, con alternanza di nuvole e schiarite. La temperatura è fresca, intorno ai 15 gradi Celsius, e ci sono occasionali piogge leggere durante il giorno. È consigliabile portare con sé un ombrello se si esce di casa.

Questions

1. Com'è il tempo oggi?
2. Qual è la temperatura oggi?
3. Ci sono piogge previste oggi?

Answers

1. Oggi il tempo è variabile, con alternanza di nuvole e schiarite.
2. La temperatura è fresca, intorno ai 15 gradi Celsius.
3. Sì, ci sono occasionali piogge leggere previste durante il giorno.

Text Nine

Read the following Italian comprehension text carefully.

Then answer the questions using the information provided in the text.

Try to answer in full sentences and pay attention to your spelling and grammar.

Once you have answered all the questions, check your answers with the suggested answers.

<u>La mia famiglia</u>

Ciao! Mi chiamo Marco e voglio parlare della mia famiglia. Sono italiano e abito a Roma con i miei genitori e mia sorella.

Mio padre si chiama Giuseppe ed è un architetto. Mia madre si chiama Maria ed è una insegnante. Mia sorella si chiama Giulia ed è una studentessa di medicina.

Io sono uno studente universitario. Studio economia.

Ogni estate, noi andiamo in vacanza al mare. Ci piace nuotare e prendere il sole.

Questions

1. Qual è il nome del padre di Marco?
2. Che lavoro fa la madre di Marco?
3. Cosa studia Marco all'università?
4. Dove va in vacanza la famiglia di Marco ogni estate?

Answers

1. Il padre di Marco si chiama Giuseppe.
2. La madre di Marco è una insegnante.
3. Marco studia economia all'università.
4. La famiglia di Marco va in vacanza al mare ogni estate.

Text Ten

Read the following Italian comprehension text carefully.

Then answer the questions using the information provided in the text.

Try to answer in full sentences and pay attention to your spelling and grammar.

Once you have answered all the questions, check your answers with the suggested answers.

<u>La mozzarella: il formaggio tipico dell'Italia</u>

La mozzarella è un formaggio fresco tipico dell'Italia, noto per la sua consistenza morbida e il suo sapore delicato. Viene prodotta principalmente in Campania, una regione nel sud Italia, ma è molto diffusa in tutto il paese.

La mozzarella viene prodotta con latte di bufala o di vacca e viene lavorata con cura per ottenere la sua consistenza unica. È un ingrediente comune nella cucina italiana e viene utilizzata in molte preparazioni, come la famosa pizza Margherita e l'insalata caprese.

La mozzarella di bufala campana DOP è considerata la migliore e la più autentica, ed è stata riconosciuta come prodotto DOP (Denominazione di Origine Protetta) dall'Unione europea.

Questions

1. Con che latte viene prodotta la mozzarella?
2. In quali piatti viene utilizzata la mozzarella?
3. Qual è la mozzarella più autentica e di qualità?

Answers

1. La mozzarella viene prodotta con latte di bufala o di vacca.
2. La mozzarella viene utilizzata in molti piatti italiani, come la pizza Margherita e l'insalata caprese.
3. La mozzarella di bufala campana DOP è considerata la migliore e la più autentica.

Text Eleven

Read the following Italian comprehension text carefully.

Then answer the questions using the information provided in the text.

Try to answer in full sentences and pay attention to your spelling and grammar.

Once you have answered all the questions, check your answers with the suggested answers.

<u>La bandiera italiana</u>

La bandiera italiana è composta da tre bande verticali di uguali dimensioni: verde, bianca e rossa. Il verde rappresenta le colline e le montagne, il bianco rappresenta le nevi eterne delle Alpi e il rosso rappresenta il sangue versato per la libertà dell'Italia. La bandiera italiana è stata adottata nel 1946, dopo la fine della Seconda Guerra Mondiale, e sostituì la precedente bandiera del Regno d'Italia.

Questions

1. Quante bande ha la bandiera italiana?
2. Cosa rappresenta il colore verde nella bandiera italiana?
3. Quando è stata adottata la bandiera italiana attuale?

Answers

1. La bandiera italiana ha tre bande.
2. Il verde rappresenta le colline e le montagne.
3. La bandiera italiana attuale è stata adottata nel 1946.

Text Twelve

Read the following Italian comprehension text carefully.

Then answer the questions using the information provided in the text.

Try to answer in full sentences and pay attention to your spelling and grammar.

Once you have answered all the questions, check your answers with the suggested answers.

<u>Una gita allo zoo</u>

La scorsa settimana ho fatto una gita allo zoo con la mia famiglia. C'era una grande varietà di animali, come leoni, tigri, elefanti, giraffe e scimmie. Abbiamo anche visto alcuni animali meno comuni, come i camaleonti e i lori. È stato divertente osservare gli animali e imparare di più sulla loro vita e sul loro comportamento. Inoltre, lo zoo aveva anche un'area giochi per i bambini, dove i miei figli hanno giocato e si sono divertiti molto.

Questions

1. Dove hai fatto la gita?
2. Quali animali hai visto allo zoo?
3. C'era un'area giochi per i bambini?

Answers

1. Ho fatto la gita allo zoo.
2. Ho visto leoni, tigri, elefanti, giraffe, scimmie, camaleonti e lori.
3. Sì, c'era un'area giochi per i bambini.

Text Thirteen

Read the following Italian comprehension text carefully.

Then answer the questions using the information provided in the text.

Try to answer in full sentences and pay attention to your spelling and grammar.

Once you have answered all the questions, check your answers with the suggested answers.

<u>Il caffè in Italia</u>

Il caffè in Italia è una bevanda molto popolare e fa parte della cultura italiana. In Italia, il caffè viene servito in piccole tazze di ceramica chiamate "tazzine". È solitamente bevuto al bar o al bancone, in piedi, in pochi sorsi. L'espresso è la forma più comune di caffè in Italia, ma ci sono molte altre varietà come il cappuccino, il caffè latte e il macchiato. Il caffè in Italia è considerato un'arte e molte persone imparano a fare il caffè perfetto. Inoltre, prendere un caffè al bar è spesso un'occasione per socializzare e incontrare amici.

Questions

1. In che tipo di tazze viene servito il caffè in Italia?
2. Dove viene solitamente bevuto il caffè in Italia?
3. Quali sono alcune delle varietà di caffè in Italia?

Answers

1. Il caffè in Italia viene servito in piccole tazze di ceramica chiamate "tazzine".
2. Il caffè in Italia viene solitamente bevuto al bar o al bancone, in piedi.
3. Alcune delle varietà di caffè in Italia includono l'espresso, il cappuccino, il caffè latte e il macchiato.

Text Fourteen

Read the following Italian comprehension text carefully.

Then answer the questions using the information provided in the text.

Try to answer in full sentences and pay attention to your spelling and grammar.

Once you have answered all the questions, check your answers with the suggested answers.

<u>Il ciclismo</u>

Il ciclismo è uno sport popolare in Italia. Molti italiani amano fare escursioni in bicicletta durante il fine settimana. Ci sono molte piste ciclabili in tutta Italia, soprattutto nelle campagne e nelle colline. Le città italiane sono anche ben attrezzate per i ciclisti, con molte strade condivise con i pedoni e i ciclisti, e piste ciclabili dedicate. Il ciclismo in Italia è spesso associato alle grandi corse come il Giro d'Italia, una corsa a tappe che si svolge ogni anno in maggio. Questa corsa copre molte regioni italiane ed è considerata una delle tre grandi corse del ciclismo insieme al Tour de France e la Vuelta a España.

Questions

1. Qual è uno sport popolare in Italia?
2. Cosa fanno molti italiani durante il fine settimana?
3. Qual è una delle tre grandi corse del ciclismo?

Answers

1. Il ciclismo è uno sport popolare in Italia.
2. Molti italiani amano fare escursioni in bicicletta durante il fine settimana.
3. Il Giro d'Italia è una delle tre grandi corse del ciclismo insieme al Tour de France e la Vuelta a España.

Text Fifteen

Read the following Italian comprehension text carefully.

Then answer the questions using the information provided in the text.

Try to answer in full sentences and pay attention to your spelling and grammar.

Once you have answered all the questions, check your answers with the suggested answers.

<u>Il Presepe: Una tradizione italiana per il Natale</u>

Il presepe è una tradizione molto importante in Italia durante il periodo natalizio. Si tratta di un'installazione che rappresenta la natività, con la statua del bambino Gesù nella mangiatoia, circondata da Maria, Giuseppe, gli angeli, i pastori e i re magi. In Italia, spesso si allestiscono presepi sia nelle chiese che nelle case. Molte città italiane organizzano anche mostre di presepi in cui i visitatori possono ammirare presepi di tutte le forme e dimensioni.

Questions

1. Qual è il presepe?
2. Dove si possono trovare i presepi in Italia?
3. Cosa rappresentano i presepi?

Answers

1. Il presepe è un'installazione che rappresenta la natività, con la statua del bambino Gesù nella mangiatoia, circondata da Maria, Giuseppe, gli angeli, i pastori e i re magi.
2. I presepi si possono trovare sia nelle chiese che nelle case in Italia. Molte città italiane organizzano anche mostre di presepi in cui i visitatori possono ammirare presepi di tutte le forme e dimensioni.
3. I presepi rappresentano la natività e sono una tradizione molto importante durante il periodo natalizio in Italia.

Text Sixteen

———

Read the following Italian comprehension text carefully.

Then answer the questions using the information provided in the text.

Try to answer in full sentences and pay attention to your spelling and grammar.

Once you have answered all the questions, check your answers with the suggested answers.

<u>La colomba pasquale: il dolce simbolo della Pasqua in Italia</u>

La colomba pasquale è un dolce tradizionale italiano che viene preparato durante la festa di Pasqua. La sua forma ricorda quella di una colomba in volo con le ali spiegate ed è decorata con mandorle e zucchero. La sua origine è incerta, ma si dice che derivi dalla tradizione romana di portare un dolce simile ad un uccello in dono ai padroni di casa durante le feste primaverili.

Questions

1. Cos'è la colomba pasquale?
2. Quando viene preparata?
3. Qual è la forma della colomba pasquale?
4. Come viene decorata la colomba pasquale?
5. Qual è l'origine della colomba pasquale?

Answers

1. La colomba pasquale è un dolce tradizionale italiano preparato durante la festa di Pasqua.
2. La colomba pasquale viene preparata durante la festa di Pasqua.
3. La colomba pasquale ha la forma di una colomba in volo con le ali spiegate.
4. La colomba pasquale è decorata con mandorle e zucchero.
5. L'origine della colomba pasquale è incerta, ma si dice che derivi dalla tradizione romana di portare un dolce simile ad un uccello in dono ai padroni di casa durante le feste primaverili.

Text Seventeen

Read the following Italian comprehension text carefully.

Then answer the questions using the information provided in the text.

Try to answer in full sentences and pay attention to your spelling and grammar.

Once you have answered all the questions, check your answers with the suggested answers.

<u>La Fontana di Trevi a Roma</u>

La Fontana di Trevi è una delle fontane più famose al mondo e si trova nel centro storico di Roma, in Italia. È stata costruita nel XVIII secolo e rappresenta il mare con la figura di Nettuno al centro. Secondo la leggenda, se si getta una moneta nella fontana con la mano destra sopra la spalla sinistra, si tornerà a Roma.

Questions

1. Dove si trova la Fontana di Trevi?
2. Quando è stata costruita la fontana?
3. Chi è rappresentato al centro della fontana?
4. Cosa si dice accada se si getta una moneta nella fontana?

Answers

1. Si trova nel centro storico di Roma, in Italia.
2. È stata costruita nel XVIII secolo.
3. Nettuno è rappresentato al centro della fontana.
4. Si dice che se si getta una moneta nella fontana con la mano destra sopra la spalla sinistra, si tornerà a Roma.

Text Eighteen

Read the following Italian comprehension text carefully.

Then answer the questions using the information provided in the text.

Try to answer in full sentences and pay attention to your spelling and grammar.

Once you have answered all the questions, check your answers with the suggested answers.

<u>L'immigrazione in Italia: una realtà complessa</u>

L'immigrazione è stata una realtà complessa in Italia negli ultimi anni. Molti immigrati arrivano in Italia in cerca di lavoro e di una vita migliore, ma spesso si trovano a fronteggiare ostacoli come la discriminazione, la xenofobia e la mancanza di opportunità.

L'Italia ha un tasso di immigrazione relativamente basso rispetto ad altri paesi europei, ma la questione dell'immigrazione è ancora al centro del dibattito politico e sociale. Molti immigrati arrivano dall'Africa e dal Medio Oriente, e spesso affrontano difficoltà nella ricerca di un lavoro e nella integrazione nella società italiana.

Questions

1. Cosa cercano molti immigrati in Italia?
2. Quali sono gli ostacoli che gli immigrati affrontano in Italia?
3. Come si confronta l'Italia ad altri paesi europei in termini di immigrazione?
4. Da quali parti del mondo provengono la maggior parte degli immigrati in Italia?

Answers

1. Molti immigrati arrivano in Italia in cerca di lavoro e di una vita migliore.
2. Gli immigrati affrontano ostacoli come la discriminazione, la xenofobia e la mancanza di opportunità.
3. L'Italia ha un tasso di immigrazione relativamente basso rispetto ad altri paesi europei.
4. La maggior parte degli immigrati in Italia provengono dall'Africa e dal Medio Oriente.

Text Nineteen

Read the following Italian comprehension text carefully.

Then answer the questions using the information provided in the text.

Try to answer in full sentences and pay attention to your spelling and grammar.

Once you have answered all the questions, check your answers with the suggested answers.

<u>La Galleria degli Uffizi: un tesoro artistico in Italia</u>

La Galleria degli Uffizi è uno dei musei più importanti e conosciuti in Italia. Situato a Firenze, è famoso per la sua vasta collezione di opere d'arte italiane ed europee, tra cui dipinti, sculture e manoscritti.

La Galleria degli Uffizi è stata fondata nel XVI secolo ed è stata aperta al pubblico nel XVIII secolo. La collezione del museo comprende opere di artisti famosi come Leonardo da Vinci, Michelangelo, Raffaello, Botticelli e Caravaggio.

La galleria è suddivisa in varie sezioni, tra cui la sezione di arte antica, la sezione di arte moderna e la sezione di arte contemporanea. È consigliabile prenotare i biglietti in anticipo per evitare lunghe code.

Questions

1. Dove si trova la Galleria degli Uffizi?
2. Di che tipo di opere d'arte è famosa la galleria?
3. Quando è stata fondata la Galleria degli Uffizi?
4. Quali sono alcuni degli artisti famosi rappresentati nella collezione del museo?

Answers

1. La Galleria degli Uffizi si trova a Firenze.
2. La galleria è famosa per la sua vasta collezione di opere d'arte italiane ed europee, tra cui dipinti, sculture e manoscritti.
3. La Galleria degli Uffizi è stata fondata nel XVI secolo.
4. Alcuni degli artisti famosi rappresentati nella collezione del museo includono Leonardo da Vinci, Michelangelo, Raffaello, Botticelli e Caravaggio.

Text Twenty

Read the following Italian comprehension text carefully.

Then answer the questions using the information provided in the text.

Try to answer in full sentences and pay attention to your spelling and grammar.

Once you have answered all the questions, check your answers with the suggested answers.

<u>L'Esercito Italiano</u>

L'Esercito Italiano, noto anche come Forze armate italiane, è composto da tre rami: l'esercito, la marina e l'aeronautica. L'Esercito Italiano è il più grande tra i rami delle forze armate italiane e svolge una serie di compiti, tra cui la difesa del territorio italiano, la partecipazione alle missioni internazionali di pace e la gestione di emergenze nazionali.

L'Esercito Italiano è composto da soldati professionisti e di leva e dispone di una vasta gamma di attrezzature militari moderne, tra cui veicoli blindati, aerei da combattimento e navi da guerra.

Questions

1. Quali sono i tre rami delle forze armate italiane?
2. Chi compone l'Esercito Italiano?
3. Quali attrezzature militari moderne dispone l'Esercito Italiano?

Answers

1. I tre rami delle forze armate italiane sono l'esercito, la marina e l'aeronautica.
2. L'Esercito Italiano è composto da soldati professionisti e di leva.
3. L'Esercito Italiano dispone di una vasta gamma di attrezzature militari moderne, tra cui veicoli blindati, aerei da combattimento e navi da guerra.

Text Twenty One

Read the following Italian comprehension text carefully.

Then answer the questions using the information provided in the text.

Try to answer in full sentences and pay attention to your spelling and grammar.

Once you have answered all the questions, check your answers with the suggested answers.

<u>Il mio cane domestico</u>

Il mio cane si chiama Pedro ed è un Labrador Retriever. È un cane di taglia media con il pelo marrone e gli occhi nocciola. È molto socievole e affettuoso con la mia famiglia e con gli estranei. Gli piace molto fare passeggiate nel parco e giocare con la sua pallina preferita.

Pedro è stato addestrato per rispondere a comandi come "seduto", "terra" e "vieni qui". Gli piace anche fare trucchi come "rotola" e "fai la morte". È molto bravo a proteggere la casa e ad abbaiare quando qualcuno si avvicina.

Questions

1. Come si chiama il tuo cane domestico?
2. Di che razza è il tuo cane?
3. Come è il pelo e gli occhi del tuo cane?
4. Come è il carattere del tuo cane?

Answers

1. Il mio cane domestico si chiama Pedro.
2. Il mio cane è un Labrador Retriever.
3. Il mio cane ha il pelo marrone e gli occhi nocciola.
4. Il mio cane è molto socievole e affettuoso con la mia famiglia e con gli estranei.

Text Twenty Two

Read the following Italian comprehension text carefully.

Then answer the questions using the information provided in the text.

Try to answer in full sentences and pay attention to your spelling and grammar.

Once you have answered all the questions, check your answers with the suggested answers.

<u>La pizzeria dei miei zii</u>

La pizzeria dei miei zii si chiama "La famiglia". Si trova in una piccola città nel sud Italia e da sempre è stata gestita dalla mia famiglia. La pizzeria è famosa per le sue pizze fatte in casa, cotte in un forno a legna tradizionale.

Ci sono molte pizze diverse tra cui scegliere, come la margherita, la quattro formaggi e la diavola. Tutti gli ingredienti sono freschi e di alta qualità, come il pomodoro San Marzano e la mozzarella di bufala. La pizzeria è molto accogliente e familiare, con decorazioni colorate e un'atmosfera amichevole.

Questions

1. Come si chiama la pizzeria dei tuoi zii?
2. Dove si trova la pizzeria?
3. Cosa rende famosa la pizzeria?
4. Quali sono alcuni dei tipi di pizza che si possono ordinare?

Answers

1. La pizzeria dei miei zii si chiama "La famiglia".
2. La pizzeria si trova in una piccola città nel sud Italia.
3. La pizzeria è famosa per le sue pizze fatte in casa, cotte in un forno a legna tradizionale.
4. Alcuni dei tipi di pizza che si possono ordinare sono la margherita, la quattro formaggi e la diavola.

Text Twenty Three

———

Read the following Italian comprehension text carefully.

Then answer the questions using the information provided in the text.

Try to answer in full sentences and pay attention to your spelling and grammar.

Once you have answered all the questions, check your answers with the suggested answers.

<u>La lingua siciliana</u>

La Sicilia è famosa non solo per la sua splendida architettura e la deliziosa cucina, ma anche per la sua lingua caratteristica, il siciliano. Il siciliano è una lingua romanza, con radici nel latino, ma con influenze di lingue arabe e greche.

Il siciliano è parlato da molti abitanti dell'isola, ma negli ultimi anni c'è stata una diminuzione dell'uso della lingua, soprattutto tra le giovani generazioni. Tuttavia, ci sono molti sforzi per preservare e promuovere il siciliano, incluso l'insegnamento nelle scuole e l'organizzazione di festival della lingua.

Questions

1. Quali sono le radici del siciliano?
2. Chi parla il siciliano sull'isola?
3. C'è stato un aumento o una diminuzione dell'uso del siciliano negli ultimi anni?
4. Quali sono alcuni degli sforzi per preservare e promuovere il siciliano?

Answers

1. Il siciliano ha radici nel latino, ma ha influenze di lingue arabe e greche.
2. Molti abitanti dell'isola parlano il siciliano.
3. Negli ultimi anni c'è stata una diminuzione dell'uso del siciliano, soprattutto tra le giovani generazioni.
4. Gli sforzi per preservare e promuovere il siciliano includono l'insegnamento nelle scuole e l'organizzazione di festival della lingua.

Text Twenty Four

Read the following Italian comprehension text carefully.

Then answer the questions using the information provided in the text.

Try to answer in full sentences and pay attention to your spelling and grammar.

Once you have answered all the questions, check your answers with the suggested answers.

<u>Il tempo di questo weekend</u>

Il tempo di questo weekend sarà bello e soleggiato. La temperatura massima sarà di 22 gradi Celsius sabato e 24 gradi Celsius domenica. Non ci sarà molta nuvola in cielo e la probabilità di pioggia è molto bassa.

Sarà una buona occasione per fare attività all'aria aperta come andare al parco o fare una passeggiata in città. Non dimenticare di indossare una crema solare e di portare dell'acqua con te per rimanere idratato.

Questions

1. Come sarà il tempo questo weekend?
2. Qual è la temperatura massima sabato?
3. Ci sarà molta nuvola in cielo?
4. Qual è la probabilità di pioggia?

Answers

1. Il tempo di questo weekend sarà bello e soleggiato.
2. La temperatura massima sabato sarà di 22 gradi Celsius.
3. Non ci sarà molta nuvola in cielo.
4. La probabilità di pioggia è molto bassa.

Text Twenty Five

Read the following Italian comprehension text carefully.

Then answer the questions using the information provided in the text.

Try to answer in full sentences and pay attention to your spelling and grammar.

Once you have answered all the questions, check your answers with the suggested answers.

<u>La Mia Giornata Tipica</u>

Ciao! Oggi vi parlerò della mia giornata tipica. Mi chiamo Marco e sono uno studente. Inizio la mia giornata alle 7:00 del mattino. Mi sveglio e faccio colazione con una tazza di caffè e un paio di biscotti. Dopo la colazione, mi preparo per andare a scuola.

A metà giornata, abbiamo una pausa pranzo di un'ora. Solitamente, mangio un panino con prosciutto e formaggio, una mela e una bottiglia d'acqua. Dopo la pausa pranzo, studio fino alle 15:00.

Dopo la scuola, faccio sport con gli amici, come il calcio o il basket. Poi torno a casa e faccio i compiti. A volte guardo la TV o leggo un libro. Cena con la mia famiglia alle 19:00, solitamente mangiamo la pasta con il sugo. Dopodiché, faccio una passeggiata e mi riposo.

Questions

1. Chi parla?
2. A che ora inizia la giornata di Marco?
3. Cosa fa Marco dopo la colazione?
4. Cosa mangia Marco durante la pausa pranzo?
5. Cosa fa Marco dopo la scuola?
6. Cosa mangia Marco a cena?

Answers

1. Marco parla.
2. La giornata di Marco inizia alle 7:00 del mattino.
3. Dopo la colazione, Marco si prepara per andare a scuola.
4. Durante la pausa pranzo, Marco mangia un panino con prosciutto e formaggio, una mela e una bottiglia d'acqua.
5. Dopo la scuola, Marco fa sport con gli amici, come il calcio o il basket.
6. A cena, Marco mangia la pasta con il sugo.

Text Twenty Six

Read the following Italian comprehension text carefully.

Then answer the questions using the information provided in the text.

Try to answer in full sentences and pay attention to your spelling and grammar.

Once you have answered all the questions, check your answers with the suggested answers.

<u>La Mia Routine Giornaliera</u>

Al mattino mi sveglio presto e faccio qualche esercizio di stretching per svegliarmi. Dopo, faccio colazione con un caffè e una fetta di pane tostato con la marmellata. Successivamente, mi preparo per andare al lavoro. Durante il tragitto in autobus, leggo un libro o ascolto la musica.

Arrivato al lavoro, inizio la mia giornata lavorativa e mi dedico alle mie attività. Durante la pausa pranzo, esco per fare una passeggiata e rilassarmi.

Dopo il lavoro, vado in palestra per fare un po' di esercizio fisico. In seguito, torno a casa e cucino la cena. Dopo cena, guardo un po' di televisione o leggo un libro prima di andare a letto.

Questions

1. Qual è la prima cosa che fai al mattino?
2. Cosa mangi a colazione?
3. Cosa fai durante il tragitto in autobus?
4. Cosa fai durante la pausa pranzo?

Answers

1. Al mattino faccio qualche esercizio di stretching per svegliarmi.
2. A colazione mangio un caffè e una fetta di pane tostato con la marmellata.
3. Durante il tragitto in autobus leggo un libro o ascolto la musica.
4. Durante la pausa pranzo esco per fare una passeggiata e rilassarmi.

Text Twenty Seven

Read the following Italian comprehension text carefully.

Then answer the questions using the information provided in the text.

Try to answer in full sentences and pay attention to your spelling and grammar.

Once you have answered all the questions, check your answers with the suggested answers.

<u>Cannoli: un dolce tradizionale siciliano</u>

I cannoli sono un dolce tipico siciliano composto da una croccante sfoglia di pasta frolla ripiena di ricotta dolce e decorata con cioccolato fondente e pistacchi tritati. Questo dolce è spesso servito nelle feste e celebrazioni in Sicilia e ha guadagnato popolarità in tutto il mondo.

Questions

1. Che cosa sono i cannoli?
2. Qual è l'origine dei cannoli?
3. Come sono decorati i cannoli?

Answers

1. I cannoli sono un dolce tipico siciliano composto da una croccante sfoglia di pasta frolla ripiena di ricotta dolce e decorata con cioccolato fondente e pistacchi tritati.
2. I cannoli sono originari della Sicilia, in Italia.
3. I cannoli sono decorati con cioccolato fondente e pistacchi tritati.

Text Twenty Eight

Read the following Italian comprehension text carefully.

Then answer the questions using the information provided in the text.

Try to answer in full sentences and pay attention to your spelling and grammar.

Once you have answered all the questions, check your answers with the suggested answers.

<u>Verona: la città di Romeo e Giulietta</u>

Verona è una città del nord Italia famosa per la sua bellezza e la sua storia. È conosciuta come la città di Romeo e Giulietta, la celebre opera di Shakespeare ambientata proprio qui. Tra i luoghi d'interesse ci sono la casa di Giulietta, la piazza delle Erbe, l'Arena di Verona e la Torre dei Lamberti. La città è anche famosa per la sua cucina e i suoi vini, in particolare il vino Amarone. Inoltre, Verona ospita ogni anno l'importante fiera del vino Vinitaly.

Questions

1. Qual è la città italiana famosa per la storia di Romeo e Giulietta?
2. Quali sono alcuni luoghi d'interesse di Verona?
3. Qual è il vino famoso di Verona?
4. Che cosa succede ogni anno a Verona?

Answers

1. Verona è la città italiana famosa per la storia di Romeo e Giulietta.
2. Alcuni luoghi d'interesse di Verona sono la casa di Giulietta, la piazza delle Erbe, l'Arena di Verona e la Torre dei Lamberti.
3. Il vino famoso di Verona è l'Amarone.
4. Ogni anno a Verona si tiene l'importante fiera del vino Vinitaly.

Text Twenty Nine

Read the following Italian comprehension text carefully.

Then answer the questions using the information provided in the text.

Try to answer in full sentences and pay attention to your spelling and grammar.

Once you have answered all the questions, check your answers with the suggested answers.

<u>Una gita di un giorno a Capri</u>

Capri è un'isola italiana famosa per la sua bellezza naturale e la sua atmosfera rilassante. Se siete in vacanza in Campania, Capri è sicuramente una destinazione che non potete perdere. Per raggiungere Capri, si può prendere un traghetto da Napoli o Sorrento.

Una volta sull'isola, ci sono molte cose da fare. Si può visitare la Grotta Azzurra, una caverna marina illuminata da una luce blu elettrica. Si può fare una passeggiata attraverso i giardini di Augusto e godere di una vista mozzafiato sulla costa. Oppure, si può semplicemente rilassarsi su una delle numerose spiagge dell'isola.

Capri è anche nota per la sua cucina, con molti ristoranti che servono piatti locali deliziosi come la caprese, un'insalata di pomodori e mozzarella, e il limoncello, un liquore di limone.

Questions

1. Da dove si può prendere un traghetto per raggiungere Capri?
2. Cosa si può visitare sull'isola di Capri?
3. Che tipo di piatti locali si possono gustare a Capri?

Answers

1. Si può prendere un traghetto da Napoli o Sorrento.
2. Si può visitare la Grotta Azzurra, i giardini di Augusto, e molte spiagge dell'isola.
3. Si possono gustare piatti locali come la caprese e il limoncello.

Text Thirty

Read the following Italian comprehension text carefully.

Then answer the questions using the information provided in the text.

Try to answer in full sentences and pay attention to your spelling and grammar.

Once you have answered all the questions, check your answers with the suggested answers.

<u>Castel Sant'Angelo: una meraviglia di Roma</u>

Castel Sant'Angelo è un'imponente fortezza situata sulla riva destra del fiume Tevere, vicino al Vaticano, a Roma. Costruito nel II secolo come mausoleo per l'imperatore Adriano, successivamente è stato utilizzato come castello papale e prigione. Oggi è un museo che ospita una vasta collezione di armi e armature, nonché una piattaforma panoramica che offre una vista spettacolare sulla città.

Questions

1. Dove si trova Castel Sant'Angelo?
2. Chi lo fece costruire e quando?
3. Qual è stata la funzione del castello nel corso dei secoli?
4. Cosa si può vedere al suo interno?

Answers

1. Castel Sant'Angelo si trova sulla riva destra del fiume Tevere, vicino al Vaticano, a Roma.
2. Castel Sant'Angelo fu costruito nel II secolo dall'imperatore Adriano.
3. Nel corso dei secoli, il castello è stato utilizzato come mausoleo, castello papale e prigione.
4. Al suo interno si possono vedere una vasta collezione di armi e armature, nonché una piattaforma panoramica che offre una vista spettacolare sulla città.

www.ingramcontent.com/pod-product-compliance
Lightning Source LLC
Chambersburg PA
CBHW061338120726
48001CB00002B/923